1分間のラブソング

あなたはあなたでいい

仲宗根泉

今日の終わりに、
1分間だけ、自分と向き合ってみる
あの人のこと
終わった恋のこと
これからのこと
自分を取り巻くいろいろなものを
自分自身を
見つめてみる

すべては、自分を愛するために

contents

Chapter 1

1分間のラブソング

Love Song

いつかあなたの夢が

いつかあなたの夢が叶う時が来るよ　必ず
あれ程　悩んだ日も苦しんだ日も報われる時が来る

初めからすべてうまくいくなんて
思っちゃいないけど失敗はしたくない
頑張った分だけ　頑張った分だけ　遠回りしても叶えたい夢
ずっと胸の奥底に隠して　誰にも言わずに泣いた日だって
あったでしょ　あったでしょ
あなたしか知らない努力の道

いつかあなたの夢が叶う時が来るよ　必ず
あれ程　悩んだ日も苦しんだ日も報われる時が来る

誰にもわからない答えだって　誰にも見えない道だって
行くと決めたんだ　行くと決めたんだ
そう語ったあの日を忘れないで

いつかあなたの夢が叶う時が来るよ　必ず
あれ程　迷った日も泣いてた日々もすべては繋がるから

あなたの未来は　あなたが作り出す
昨日今日じゃなくて
過去の自分がどれだけやれたか

いつかあなたの夢が叶う時が来るよ　必ず
あれ程　悩んだ日も苦しんだ日も報われる時が来る

いつかあなたの夢が叶う時が来るよ　必ず
あれ程　悩んだ日も苦しんだ日も報われる時が来る
報われる時が来る
すべては繋がるから

「いつかあなたの夢が」#story

恋に頑張っているあなた
育児を頑張っているあなた
家庭を守って頑張っているあなた
夢に向かって頑張っているあなた
どんな人も毎日がやりたいことばかりではない
だけど、何かに向かって日々頑張って
何かのために日々生きている

目標が見つからないあなただって　頑張ってるんだよ
みんな頑張ってる
明日も頑張ろう
そうしているうちに　願いが叶う
そうしているうちに　幸せが訪れる
そうしているうちに　幸せになり
あなたはまた頑張るの
何かのために
誰かのために

2番め

曖昧な関係はもう嫌だよ
あなたの1番になりたかった
嬉しいこと
楽しいことは
全部あなたに繋がってた
だけど傷みや
今日の涙も
哀しいことの方が多かったんだ
私の恋

「2番め」#story

2番めでもそばにいられるなら
2番めでも「好き」と言ってくれたから　いつかは…
その「いつか」って　いつ？
あなたがそれでいいならいい
でも私なら　2番めの恋は嫌
たとえ「好き」と言われようと
唯一無二の「1番」という場所にいたい

私も昔、2番めだった恋がある
だけど、毎日不安だった
あなたは2番めの私に「好き」と言い、弱音や本音も言ってくれたけど
今はわかる
本命には、1番いい自分でいたかったから、そのために私がいた
それは決して愛じゃない

私に弱さを見せることで　私も必要とされていると
勘違いしてただけ
「本当に好きなのはお前だけ」と言っておきながら
理由をつけてサヨナラを告げたあなた
始まりも終わりも　あなただけが決定権を握っていた恋
私があなたを忘れるために必死だったあの時、
あなたはあの子と親密になるのに必死だった
本当に惚れられていたなら　違う結果があったはず

必要とされていることと　利用されていることを
見誤ってはいけない
あなたは彼の何番め？
本当に願っているのはその場所なの？

今夜だけ

この寂しさを埋められるのはあなた
あなた以外に誰もいないのよ
肩を寄せて抱きしめてよ

それだけでいい
叶わないと知ってても
それだけでいい
叶わないと知ってても

「今夜だけ」＃story

好きな人を想う夜
たとえあなたがそばにいなくても
あなたを想い歌えば
あなたを想い泣けば
あなたを近くに感じる
それが幸せな気持ちではなくても
今はそれしか　あなたを呼び寄せるすべがない

思い出の中の２人は笑っていても
「一緒になろう」と言ってくれていたとしても
これもまた、現実

何度目の愛

あなたとは永遠だと思ってた
変わらぬままの想い
今度こそは違う
愛してる
愛してる
あなたに何度言った
愛してた
愛してた
昔の私があなたを抱き寄せる

「何度目の愛」＃story

きっとその瞬間は　いつだって
この人が最後だと思ってる　信じてる
愛の言葉をかわし　二度とこの人以上の人は
現れないと思っていたのに
やっぱり　あなたも昔の人たちと同じ
永遠に一緒にはいられなかった
それでも　嫌いになれないから
昔の私があなたを抱き寄せる

このギターと愛と

曖昧な言葉じゃなく　ハッキリ聞かせて
本当は私のドコが好きなの？
有名なバッグや光るダイヤじゃなくて欲しいものは1つ
アナタの気持ちだけ
いつもアナタの一番でいたいから

いつもアナタの好きな私でいたいから
努力させてよ　私に
だって好きなんだもん

This guitar and love

Baby please
Don't beat around the bush
No teasing, no more vague words

Tell me and say it loud and clear
What do you like about me?

Don't want no shiny diamonds, nor famous fancy bags
All I want is one thing
Yes, it's you
What I want is your love

Don't you know, baby, Oh I,
I want to be your No.1 girl
Remember that, baby, always,
I want to be the one you're crazy for

Let me do my best for you
and work it out

'cause you know I love you so
Yes I love you so

（英語訳　有坂美香）

片想い

怖くて怖くて踏み出せない
だってこれが最後かもしれない
怖くて怖くて踏み出せない
結果だけが全て
そう思ってしまう

何も告げずに終わって
誰かのモノになるのを見てるだけ
今日も、明日も、そうして過ぎてく
あなたが選ぶべき道は
それでも　まだ…

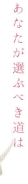

「片想い」#story

片想いは辛い
痛みや不安…
怖さや苛立ち…

でも、想いは隠すより　伝えたほうがいい
誰にも負けないくらい
どんなに強い気持ちがあったって
言わなきゃ始まらない
言わなきゃ届かない
伝えなきゃ、最初から想っていないのと同じ
そんなの、もっと悲しいじゃない

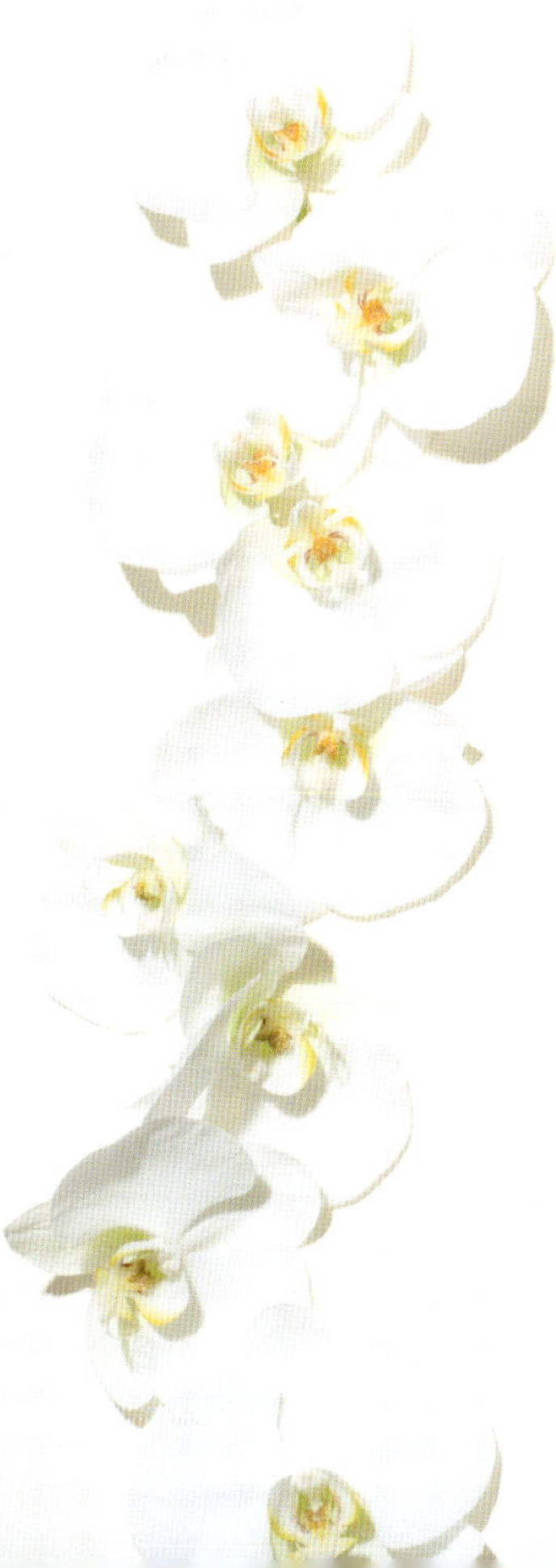

だって、あなたはこんなに好きなのに

もしも私なら

息を止めても
この鼓動があなたを呼んでいる
「好き」っと
「好き」っと
手を伸ばしても届かない
でもあなたへの想い揺るがない
あの子より私の方が幸せにできるよ
少し右の方を向いて

同じ歩幅で歩いている
私にも気付いてよ
あなたをこんなに好きなのに
手を伸ばしても届かない
でもあなたへの想い揺るがない
あの子より私の方が幸せにできるよ
少し右の方を向いて
同じ歩幅で歩いている
私にも気付いてよ
あなたをこんなに好きなのに

「もしも私なら」#story

たとえば
私の方が先に出逢っていたら
たとえば
私の方が先に好きになっていたら
たとえば
私の方が先にあなたを見つけていたら
そんな「もしも」を考えてしまう
そんな「もしも」なんて
ないとわかっているけど
あなたの隣を歩くのが
もしも私なら
今よりも幸せにするよ

星に願いを

逢いたくて
逢いたくて
たまらないよ
たまらないよ
苦しくて
苦しくて
胸の奥は
いつも　あなたのことばかり
逢いたくて
いつも　あなたのことばかり

逢いたい人がいても
逢えない
そんな思いをしているあなたへ
私からの1分間のラブソング

「星に願いを」＃story

大切なあなたの夜が
涙に暮れたとしても
私の声は
私の想いは
いつも　あなたと共にあるから

夢の中でも

かける言葉もなかった
あなたが一人泣いてても
どうすることもなかった
それでも側にいてくれたから

いつもあなたから
たくさんの愛をもらっていたんだ
やっとやっと
気づいた頃にはあなたはいない
夢の中でも会いに来ないの

「夢の中でも」＃story

逢いたい人に逢えなくて
夢の中にさえ
現れてくれなかったら
この寂しさを埋めてくれるのは　誰？

そんなことを思いながら
眠りにつくあなたへ

それでいい

貴方が出した答えなら
間違っちゃいないよ
間違っちゃいないよ
それに答えは貴方の中で
もう、決まっている
どうか恐れないで

そこにずっといても
貴方じゃない

「それでいい」#story

これで良かったのか　今も悩んでいるあなた
どんな答えも
あなたが出したなら
あなたが決めたなら
絶対大丈夫
さぁ前を向いて

私の想いがどうか、
あなたに届きますように

好き

あなたと出逢って
どれだけの月日も経ってないのに
こんなに逢いたくてたまらない
あなたは、そんな人

好き
好き

あなたと出逢って
こんなにも
こんなにも幸せ

こんなふうに
誰かと出逢えたことを喜べるなら
好きになったことに
幸せを感じているなら
大切にしてよ
壊れないように　抱きしめてあげてよ
あきれるほど　伝えてあげてよ
その心の中の想いを
たった一人しかいないあの人に

Say I Love you

昨日あなたが言った言葉を

もう一度聞きたい

Say I Love you

I love you

I love you

I love you

I love you

I love you

I love you

「Say I Love you」#story

何度「愛してる」と言われても
すぐにまた、不安になるの
キスをして
抱きしめ合っても
何か足りない時
「愛してる」その一言で
体中の全てが
満たされていくのがわかる

だから今日も伝えて
"I Love you"と

You Know

その涙は何を伝えようとしているの
あと　どれくらい　そこに
ただ一人　立ち止まったまま
答えなんて出せずに涙だけ流してる
いつまで　いつまで　そうしているの？
言うのあなたに
あえて厳しい言葉を

言うのあなたに
弱気な言葉ばかり言わないで
言うの　言うの
言い訳も、もうしないで
自分で動きださなきゃ
何も変わらないよ

「You Know」#story

うまくいかない日もある
どうして自分だけって
思うことばかりが増えていって
気がつけば空が青いことも
星がキレイなことも
仲間がいたことも
支えられてきたことも
忘れてしまっている自分がいる
でもね、それはあなただけじゃない
大なり小なり　それぞれが
いろんな思いを抱えて生きている
だから乗り越えて欲しい
どんなあなたも　あなたただよ
誰かと比べたりしないで

あなたが一番幸せなんだよ
そこに気がつくことができずに　また誰かと比べ出すから
何も持っていない気がしているだけ
あなたはたくさんのものを持って生まれてきた
愛されるために生まれてきた

怖がらないで歩き出せ
また歩けなくなったら
私が背中を押すから

私

どんな自分でも
どんな自分でも

諦めたり見放したりしちゃダメなんだ
あなたはあなたでいい

願っても誰にもなれないよ
それなら自分を楽しんで
泣いてわめいて笑って進め

「私」#story

昔は、あんな人になりたい、
こんな人になりたいって
自分を否定して環境のせいにしてきたけど
いざ、あの人のようにと真似をしたら
居心地が悪すぎて
自分を失いすぎて
気がついた
私にしかできないこと
私にしか書けない歌が　あることを
それがあることを見失っていたんだ
自分を受け入れることは難しいけれど
それができたら自分を大切にできる

気づいたら
なりたかった人は
憧れだったあの人ではなく
自分自身だった

today

Good night
今日あった嫌なこと
それだけで心の灯を消さないで

そんな日もあるさ、あるさ
今夜は君だけの部屋を心に作って
さぁ泣いていいよ

「today」# story

日々辛いことはある
でも　明日は晴れるかもしれないことを
忘れないで
たくさん泣いたら　また笑えばいい
泣く日があるから
あなたの笑顔は優しく強い
自分に負けないで
誰かの言葉に負けないで

これはあなたの人生

Chapter 2

今日もどこかで

出逢い

他の誰とも似てない
今までの誰とも違うあなたを　好きになった
胸の奥から好きがあふれて
身体中あなたへの想いでいっぱいになる
ねぇ、出逢ってくれてありがとう
私、あなたに夢中になってる
自分でもあきれるほどに

ねぇ、あなたは今、恋してる？
恋をすると楽しいことばかりではない
辛いことや悲しいこともあるけど

胸の痛みは　あなたへの想いの分
一瞬でもあなたのそばにいれたなら
それだけでいい
ただそれだけでいい
あなたを愛してる

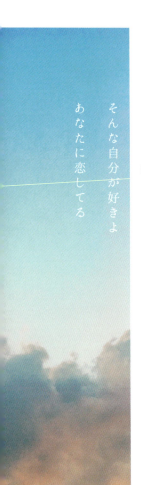

そんな毎日は
他のどんなものより
生きる力を与えてくれる
ねえあなたは恋してる？

アナタだけ　私だけ

いつも見ていたんだよ
知らなかったのは
アナタだけ…
恋してたのは私だけ…

「アナタだけ　私だけ」＃story

こんな想いをしている人が
どれだけいるんだろう

昔、こんな片想いをしていた
想いを伝えても叶わなかったけど
それでも伝えて良かったと
今なら思える
あの日があったから
巡り巡って　今の愛に逢えた
あの時はそう思えなくても
ほら、今がある

三月の陽炎

あなたを忘れたくないよ
想い出も消したくないよ
全部、全部、覚えていて欲しい
たとえ繋がらなくても

昔、すごく大好きな人がいた
別れても、ずっと好きだったし
辛い恋でも、また戻れるなら
そのほうがいいとさえ思っていた
きっと、ひどいことがあってその時は別れたはずなのに
今となっては　いい思い出しか浮かばない
彼にとっての私も　そうであって欲しいとさえ思う
だって全力で愛していたこともまた
ウソではないのだから

「三月の陽炎」＃story

一人の夜

好きになったコト…
愛しあったコト…
後悔しているわけじゃない
なのに、ナゼこんなに苦しい
好きな人に苦しめられて
それでもまだ想ってしまう自分が
ただ、ただ、悔しい

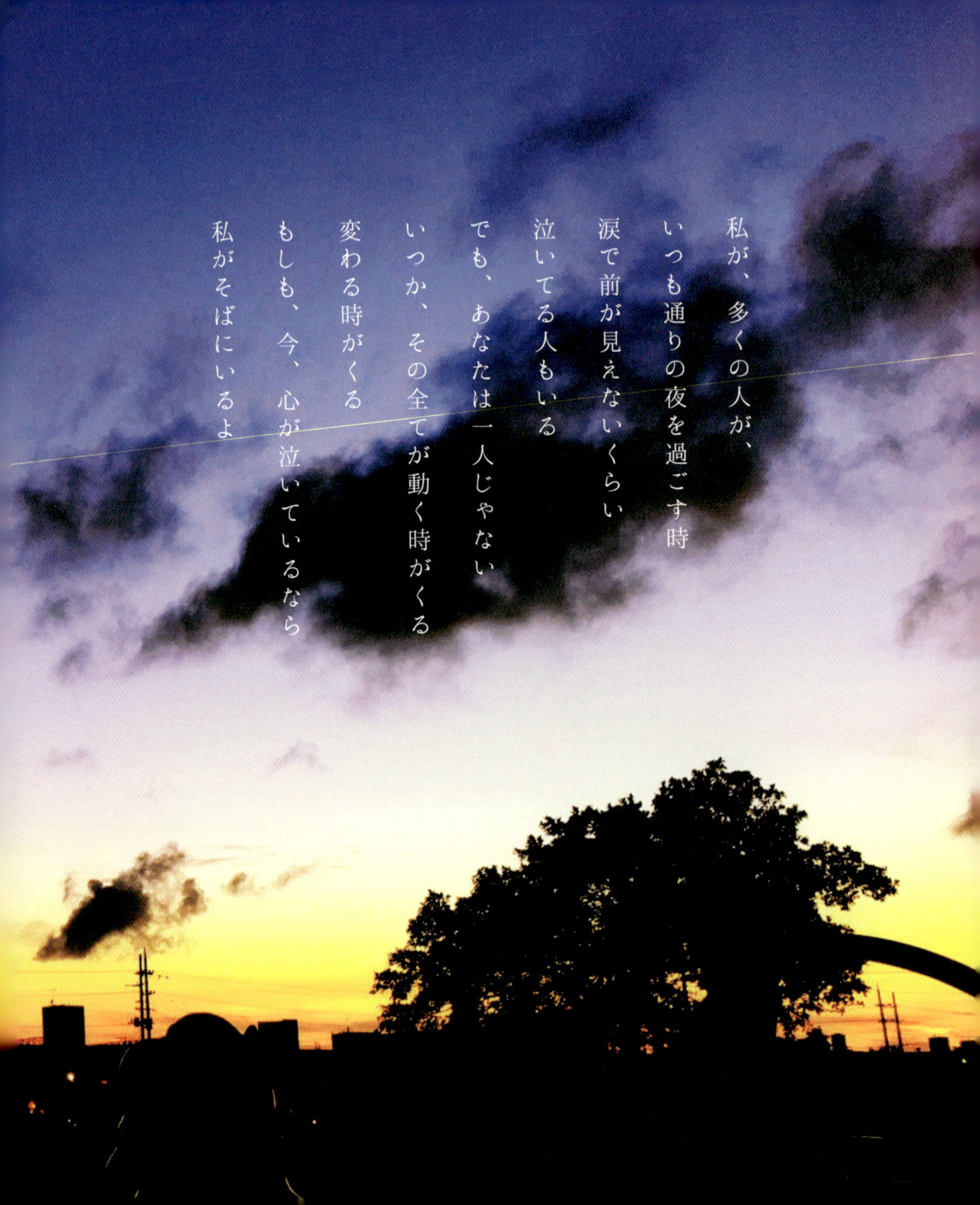

私が、多くの人が、
いつも通りの夜を過ごす時
涙で前が見えないくらい
泣いてる人もいる
でも、あなたは一人じゃない
いつか、その全てが動く時がくる
変わる時がくる
もしも、今、心が泣いているなら
私がそばにいるよ

「一人の夜」#story

この詩は、あなたの詩
そんなあなたの詩

普通はきっと

同じ気持ちならと思うけど
同じ気持ちになったら
きっともっと苦しくなる
後戻りできなくなる
自分が一番辛くなる
そんな恋をしてしまった

「普通はきっと」＃story

誰かを好きになる気持ち
誰かといたいという気持ち
とても素敵なことなのに
大きな声で言えない恋もある
朝起きたらあなたがそばにいて
夜寝る時は抱きしめて
そんな普通がものすごく遠く
そんな普通はきっと叶うこともない

また今日も誰かが
誰かを想い眠りにつく
幸せな人　そうでない人
いろんな恋があるけれど
同じ気持ちでも
一緒にいられない人は
どんな夜を過ごすのだろう

あなたもきっと

大切な人が落ち込んでいたり
泣いている時に
そばにいれないコトほど
もどかしいものはない
そこに行って
抱きしめたいよ
あなたを抱きしめてあげたい
そして、私にもきっと
そう思ってくれてる人がいる

ホテルに帰る時、
女の人が暗がりで
一人で泣いていた
たまらず声をかけたけど
彼女は笑って「大丈夫」と言うだけだった

何があったかわからないけど
彼女の明日が
幸せになることを
祈ってる

遠くから

あなたに触れられる気持ち
あなたに愛される気持ち
あなたに守られる気持ち
きっと私は
味わうことのない
気持ちなんだろう…

「遠くから」#story

あなたの幸せの陰に
泣いている人もいる
あなたの位置にいきたくても
いけなかった人もいる
だから大切にしてね
今、隣にいる人のこと
あなたになりたいと
願ってもなれない人もいるのだから
誰かの涙の上にある幸せが
恋なんです

たとえば次に

たとえば次に　恋をするとしたら
私を一番に想ってくれる人がいい
たとえば次に　恋をするとしたら
泣かずに夜が明けるような恋がいい
でもね…
それがアナタならって何度思ったことか
あなたはそれさえも知らない

今日もどこかで、
終わった恋がある
今日もどこかで、
終わらせなきゃいけない恋もある
あなたが思ったものを信じて
振り返らずに進め

その瞬間から寂しさとの戦い
その瞬間から自分の下した答えとの戦い

「たとえば次に」#story

でも　大丈夫だから
これで良かったと思える日がくる
だから　幸せになれないと知っていて
それでもそこにいるのは止めて
あなたは笑ったほうがいい
涙を流すほうが多い恋なら
運命の相手はその人ではない
強くなれ
強くあれ

いつかその時が来たら

いつかその時が来たら
今日の決断は間違ってはいなかったと
思えるだろうか
あれで良かったと思えるのだろうか
大丈夫
もう、そこに向かって歩き出すしかない
いつかその時が来たら
今よりも笑顔の私が
そこにいますように
いつかその時が来たら…

「いつかその時が来たら」#story

どんなことにも決断の時が訪れる
その答えが正しかったのか、
不安や見えない恐怖と
戦うこともあるけど
大丈夫
あなたが幸せになるために選んだ道
きっと未来のあなたは笑ってる
きっと
きっと
いつかその時が来たら…

決めたのに

怒りのパワーは何も生まない
そのパワーを　できることなら
あなたの幸せを願えるような
そんな私でサヨナラしたい
あなたが好きだった私のままで
そう決めたのに
でも、今…抱きしめてくれたら
もう一度だけと言ってしまいそうな
そんな自分もまだいる

人は弱いもの
ダメだと思うほど
強く惹かれ
想いは増していく
誰かに何を言われようと
自分で結末がわかっていようと
どうしようもない
感情がある

「決めたのに」#story

「好きだから…」
この気持ちが全てを許
全てをまた前に歩かせ
全てをなかったことにさせる
「好きだから…」
私はこれ以上の切ない答えを知らない

愛しあって　許しあって

そこから見える景色が
いつか変わる事もある
逢いたくても二度と逢えない…
ケンカしたくてもそばにいない…
だから後悔しないように
愛しあって　許しあって
今日もまた、生きてゆく

今日が楽しかった人
今日が辛かった人
すべての人の1日が
それぞれ違う
でも、すべての人に幸せでいてほしい

「愛しあって　許しあって」#story

同じ明日は二度とこない
逢いたくても
逢えなくなったあなたを思って
眠る日もあるけど
私は元気だよって
あなたに伝えたい

恋の始まり

会いたいな
あなたには届かないけど
心の中でつぶやく

明日、会えますように
今夜、夢で会えますように…

Chapter 3

恋をしていた

私に笑いかけてくれるたびに

もう、言ってしまいたい

あなたのことが好きだって

ただ、あなたが好き

それだけなのに

言葉にできないもどかしさよ

あふれる思いの儚さよ

恋をしたんだと認めた瞬間から

まるで

ジェットコースターに

乗ったような速さで

あなたに落ちていく

ワンコール　ツーコール

ぐっと堪えて電話をとる

嬉しいくせに　そっけない対応

そうでもしないと

もう好きがあふれ出そうなんだ

昨日まではただの友だち

でも今は胸が高鳴る

誰かを好きになるってことは

すごく辛くもなるってこと

すごく不安にもなるってこと

いつの日か決めたルールが

時間をかけて

愛をかけて

破られていく

誰かを愛すると、

ルールなんてそんなもの

心が疲れたの

もう一緒にはいられない

別れという結果だけを残して

あなただけが進んでいく

私の心を置き去りにして

会えなくても　会えなくても

心の中にいるその存在は

消えることもなく

減ることもなければ

増していくばかり

明日から自分のものじゃなくなる不安

明日から誰といるか聞けない関係

別れるってそういうこと

前はあんなに嫌なとこばかり数えていたけど

今は、あなたにしてもらったことを思い出している

サヨナラだからね

振り返らずに進むから

最後と決めたから

もう、悪口は言わない

過去を懐かしむのはいい

でも

未練まで一緒に

連れて帰ってきてはいけない

絶ち切らなきゃいけない恋

忘れなきゃいけない人もいる

もう手放す時が

きたの

自分を満たすものはたくさんあるんだよ

ネガティブだけを拾わないで

あなたはあなたの帰る場所へ

私は私の帰る場所へ

後ろ髪をひかれる思いで来た道を帰る

守るべきものの場所へ

私ではない場所へ

素直になるって難しい

思いを口にするって難しい

だけどあなたのために変わらなきゃ

あたり前の日々の中に

あなたがいるうちに

失う前に

いくつ愛を並べたら…

何度人生をやり直したら…

あなたに真っ直ぐ行き着くのだろう

いつか報われる時がくるのなら

あなたも真っ直ぐに歩いてきてほしい

私だけを見て

Chapter 4

あなたへ

あなたへ　プロローグ

恋が思うようにいかなくて悩んでいる人、仕事に悩んでいる人、夢に向かって迷い進んでいる人、結婚生活や子育てに悩んでいる人……。

今日もいろんな悩みを抱えて、みんな生きている。

私も、日々悩みながら生きている。

ライブやイベント、テレビなどで、いつもみんなにアドバイスしたり、恋愛論を語ったり、さばさばと意見を言ったり、笑わせたりしているから、私が悩むことなんてないと思われているかもしれない。

ましてや最近では、ラブソングを歌っているからなのか「恋愛の神様」とまで呼ばれることもあるぐらいだから、パーフェクトな恋愛をしていると思われているのかもしれない。

でも、いつも恋がうまくいっていたわけではないし、むしろ私からしてみれば、過去の恋愛で、ひとつも「いい恋愛」なんてなかった。悔しくて、辛くて、悲しい恋もした。

ぼろぼろになりもした。

年齢を重ねていくにつれて、さまざまな悩みを抱える中で、決断できなかったり、もう下した決断であっても、また振り返って悩み、立ち止まることもある。曲を作り、歌うことを仕事にしているけれど、普通の女性で、普通のママで、作ってきた歌詞そのままの弱い私が、私。

だからここでは、本当の仲宗根泉が思っていることを、少し話していきたい。悩み、迷ったときのこと、昔や今の恋愛について、今思うことを、私なりに伝えられたらと思う。

もしかしたら、私の言葉は、まったくあなたの答えにはならないかもしれない。

でもその一方で、何かの答えに、ヒントになり得るかもしれない。

今のあなたの心のすき間に、少しだけ私の言葉が入り込むことができたなら、こんなに嬉しいことはない。

傷つくときは、思いっ切り

人を笑わせるのが好きで、わりとさばさばしていると言われる私だけれど、実はどちらかと言えば後ろ向きで、マイナスに考えがちな人間だと思う。

ものすごく傷つきやすいし、誰かから言われた何気ない言葉を忘れられなくて、ずっとその一言をぶつぶつ考え続けていることなんてしょっちゅう。

とにかく、一度ネガティブの沼に落ちると、なかなか抜け出すことができない。

そんなとき、いつも私は、とことん落ちるところまで落ちることにしている。

頑張って元気になろうとするのではなくて、自分で自分のことを、あえて救いようのないぐらい落としていく。まるで激しく流れる川の真ん中をジャブジャブと分け入って歩くかのように、自分に対して厳しい言葉を投げかけたり、悲劇のヒロインになりきったりして、「ネガティブ沼」にどんどんはまっていくのだ。

「だからそう言ったのに！」

「あんたはなんて駄目な人間なんだ！」

「何でこんな男に尽くしてるの？」

「昔からあんたはこうだよ、変わらないよ」

「そういうことをするから、こんなことになったのよ、自業自得！」

などというふうに、心の中で、淡々と、自分に厳しい言葉をかけていく。

ときには、頭の中で映画のサントラのように曲を流しながら、ずっとお皿を洗ったり、車を運転したりして、思う存分ヒロインになりきって悲劇の映画を作り上げたりしてみる。

このとき、自分をなぐさめたり、プラスに考えたりすることは、一切しない。

誰が何と言おうと、ドロドロになるまで落ちる。


こうして一度落ちるところまで落ちると、不思議と、新しい自分に生まれ変わったかのように、いつのまにかすっきりしている。そもそも、そんなふうに落ち込んだ状態を長く続けることも難しいから、ある日ポンッと抜け出しているものだ。

そうしてとことん傷つき、とことん落ちたら、あとは上がるしかない。

そんなふうに思えたときの自分は、ひとまわりも、ふたまわりも強くなったと思っていい。

落ちるところまで落ち切った後に、少しの時間をおいて、初めて自分を振り返って眺めてみる。すると、時間という素晴らしいクッションが挟まれたことにより、自分のしてきたことを冷静に客観視することができる。何より、周りの人のアドバイスや意見などを素直に聞ける自分がいる。

いつのまにか、自分なりに課題を見つけ出して、前に歩き始めているのだ。

そして、今度は自分の近くの誰かが同じような状況になったとき、自分の経験をもとに、真にその人を思って助けたりすることもできる。


ところが、傷つきたくなくて、落ち込まないように、落ち込まないようにと、嫌なこと、苦しいこと、傷ついたこと、言われた言葉をなかったことにしたり、実は後悔しているのに「あれは仕方なかったんだよね」と無理に自分に言い聞かせたりと、自分のことを守って中途半端にポジティブな状態にしようとすると、その後のはい上がり方も半端になってしまう。

つまり、中途半端な傷つき方をしているから、これまたいつまでも中途半端な答えしか出せず、自分のことを本当に理解するチャンスまでも逃してしまうのだ。

思い切り傷ついていないから、他の人の気持ちも理解できず、今度は自分が誰かを傷つけてしまうことだってある。

だから、無理にポジティブになろうとしたり、何をしたらプラスになるかなんて、

一生懸命頑張って考えないでいい。

まずは、ネガティブの底まで、行けるところまで行ってみよう。

大切なのは、ネガティブのままで終わらないこと。

ネガティブの時期がどんなに長かったとしても、辛かったとしても、いずれは、自分の力で、必ずプラスに変え、光に変え、ハッピーなものに変えていく。

そう決めればいい。

今はどんな場所にいたって、いつか必ず夜明けが来る。そう信じて。

昔の恋は熟成される

大人の女性にとって「昔の恋」とは、ときに宝物であり、ときに心の傷でもあるのではないだろうか。実際、

「結婚しているけれど昔の恋人が忘れられない」

「昔つきあっていた人が、一番好き」

「決して一緒になることはできないけど、心の中にずっといる元彼がいる」

というような相談を、よく受ける。


私にも、かつてそんなふうに心に残っていた人がいた。

唯一私が大好きで、唯一ふられた人。『あなた』という曲は、その人を想って作った。

彼とはさまざまな事情があって別れてしまったのだけれど、当時は夢にまで出てくるぐらい、その人に心を残していた。

だって、夢の中の彼はかっこよくて、昔のようにスレンダーで優しくて、今の旦那さんにはないものを全部持っていて、私の理想どおり。別れた理由を思い出せないぐ

らいパーフェクトだった（なにしろ夢の中なので）。

実はそのときは結婚直前。こんな気持ちのまま結婚するのは、これから旦那さんになる人に失礼だと思ったから、自分の気持ちを確かめるべく、思い切ってその彼に会ってみることにした。

そして、実際本物の彼に会ってみたら……

「えっ？？！！！」

当時の面影もないと言ったら語弊があるかもしれないけど、彼は昔よりもかなり太っていて、なんだかおじさんみたいになっていた。昔はあんなにやせていて、食べても太らない人だったのに……。

それに、夢の中の、記憶の中の彼は優しかったけれど、実際の彼に会ってみたら、自分の思い違いだったこともわかった。

「ああ、そうだ、この人あまのじゃくで、ねちねちしていて、自分のことしか考えない人だったから、別れてほしいと言われたとき、私も思い切りよくOKしたんだった」

と、彼と別れた理由まで、まざまざと思い出した。

思い出って、本当におそろしい。会ってみるとわかるものだよね。

こうして私は、この恋を、きっぱりと終えることができた。

それ以来、もちろん彼は夢には一回も出てこない。

恋の終わり方は、さまざまある。

いきなり相手と連絡が取れなくなったり、ふられてしまったり、伝えたいことを伝えきれていなかったりと、終わり方が不完全燃焼だったり、自分の中にまだ好きという気持ちが残っていたりすると、昔好きだった人はどんどん美化されていく。

その恋を、自分の中で清算しきっていないから、ずっとずっと心の中にあり続ける。

すごく嫌なことがあって別れたとしても、別れた後は嫌なことよりもいい思い出が残ってしまう。何年も、何十年も経っていたら、なおさら時間が思い出を熟成させるから、素敵な思い出になっている。

だから、恋が終わったら、まず自分でしっかり決着をつけてあげよう。

「彼に浮気されて悔しい、最低」とか、「まだ好き過ぎて辛い」などと立ち上がれないほど苦しむ期間が終わったら、

「私は彼をこんなに愛していたんだ。すごいよ、えらいよ」

と、まず自分の想いを成仏させてあげる。認めてあげる。

だって、そうしてあげられるのは、自分だけだから。

でも、気持ちを成仏させきれず、今でもずっと自分の中にもやもや抱えている昔の恋があるなら、私がしたように、あえて考えないように、会わないようにするのではなくて、自分から清算するべく、行動に移してみるといい。

その恋を「浄化」するために、その思い切れない彼に会ってみるのだ。

すると、思っていたよりもすぐに、すっきり浄化させることもできるかもしれない。

いつでも、行動することは、自分で決められるのだ。

もちろん、自分の想いが本物だったとわかってしまうこともある。

そうしたら、そのときは、気合いをしっかり入れ直して、真正面から向き合ってみればいいと思う。

それはもう昔の恋ではなく、新しい恋の始まりなのだから。

愛は、手放す

昔は恋をすると、いつも一緒にいたい、相手が何をしているか知りたいと思っていた。彼が友だちとどこかに出かけると聞いたら、どの友だちと遊んで、どの場所に行き、何時に帰ってくるか逐一聞いていたし、常に彼のことを把握していたかった。

ところが今の旦那さんは、少しでも私が「今日は何をしていたの？」と聞こうものなら、「信用してないの？　うっとうしい！」とすごく怒る。さらに、彼が私に対してヤキモチを焼くようなこともないから、つきあった当初は、少しイライラしていたものだ。

というのも、私が以前つきあっていた人は、常に私を束縛する人だったから。

女友だちと遊びに行っているのに「絶対男といただろう」「写真を送れ、浮気しているだろう」などと言ってくるほどだった。その人とはそれが嫌で別れたのだけれど、かくいう私も、相手の行動を把握しないと心配という思いから、旦那さんの行動を聞いていたし、それが普通だと思っていたのだ。

けれども、今の旦那さんとつきあうようになり、その性格を理解していくにつれて、

「これじゃあいけない！」と気がつき、心配性な自分を徐々に直していく努力をし始めることにした。

たとえば仕事で一週間ぐらい出張に出るときも、最初の一日目は、夜眠るときだけ連絡する、それ以外はしないと決めて、我慢したり、彼の行動が気になってもあえて聞かないように知らんぷりしたり。

そうしていくにつれて、彼の行動や連絡が少ないことなんかが本当にどんどん気にならなくなってきて、今は一週間連絡を取らないでもいいぐらい。普通だったら、一週間も自分と離れていて、連絡も取り合わないなんて、すごく心配になるはず。でもそれは、愛情が冷めたからとか、どうでもよくなったからというわけではなく、相手を信用すること、信頼することがいかに大切なことか、理解することができたから。彼は、大丈夫だと信じているから。

それに、彼には彼の人生がある。私は、彼の仕事の厳しさや、難しさを知ることはできない。同じように、私の仕事の大変さについて彼が知ることもできない。だから彼には、どんどん自由に外に出て、飲みに行って、ストレスを発散してきてほしい。逆に言えば、私がかけてほしい言葉を、彼にかけるようにしている。

中には、「そんなふうに詮索されたくないと旦那さんが言うからには、絶対浮気をしているよ」「男なんてそんなものだよ」などと言ってくる人もいる。でも彼と結婚しているのは私であって、その人ではない。その人が、３６５日ずっと私の旦那さんを見ているわけでもない。

彼のことを一番理解している、よく見ているのは私だから、大丈夫。そう言い切れるようになった。

恋愛も、結婚も、全く異なる人間が心を合わせていくもの。

たとえば、毎日一緒にいたい、毎日愛していると言ってほしい、そうじゃないと気が済まないという人がいるとする。

もう一人は、仕事に集中したい、毎日くっついて寝たくない、たくさんの友だちと遊ぶのが当たり前だと思っているとする。

この二人が恋人同士になったら、二人の思いをお互いの中で擦り合わせていかなければならない。自分が当たり前だと思っていることは、相手にとって当たり前ではないから、自分を押しつけてしまうと、この関係性は必ず壊れてしまう。

ずっと自分の腕の中にかくまって、逐一報告させて、自分の場所から離れさせない

……。そうやってお互いがお互いを縛り合うことが大事なときもあるし、そういう関係性で成り立っている恋人や夫婦ももちろんいると思う。

しかし、相手の行動を縛ったところで、その心まで縛ることはできない。

過去の経験や心配性の性格から、彼が浮気するかもしれないという不安がぬぐいきれず、彼を縛ってしまうという人もいるかもしれない。

でも、同じ男性であっても、浮気や不倫をする人はするし、しない人はしない。一人の女性を大切にできる男性も、必ずこの世にはいる。実際、私の弟夫婦は、高校のときにお互いに初めてつきあった人と結婚して、いまだに愛しあっていて仲がいい。

だから、誰かから「男は浮気するもんだ」みたいなことを言われたら、「この人はかわいそうだな、そういう人しか周りにいなかったんだな」と無視すればいい。

相手に、こうしてほしい、ああしてほしいとか、これが自分の当たり前だと主張し続けるばかりで、相手を受け入れられないなら、それは偽物の愛かもしれない。

その人を愛しているなら、その人の大事にしている世界も大事にして、どんどん手放して送り出してみる。今、二人の関係に、未来に、行き詰まりを感じているなら、なおさら。

思い切って手放すことで、新しい愛が、ひらけるかもしれない。

過去の「負」をばねにして生きる

自分がやってきたことに胸を張ることができて、今の自分に１００％誇りを持てる……そう思って人生を歩むことができたら理想的だし、素敵だし、そうありたいと思っている人はすごく多いと思う。

でも、実際は、それをできる人とできない人がいて、かくいう私も、いつも自分に自信がなかった。

今も心のどこかで、常に「これでいいのかな」と思いながら、さぐりさぐり進んでいるところがある。

たぶんそれは、小さな頃から、あまり父に褒められたり、認められたりしたことがなかったからなんじゃないかと思う。

私の父親は、ユーモアがあって、とても楽しい人なのだけれど、音楽に関してだけはとても厳しい人で、私は、「おまえはまだまだだ」といつもいつも言われる環境の中で育ってきた。ＨＹとして初めてアルバムを出したときも、『あなた』や『Song for…』『NAO』を作ったときも、もちろん一度も褒めてくれなかった。それどころかむ

しろ「こんなレベルのものをおまえは世の中に出すのか」と言ってきた。

だから、私の音楽を聴いてくれた多くの人が、私の書く歌詞を素晴らしいと言ってくれていても、どこか苦痛に感じてしまっている自分がいた。

なぜなら、私は、私のことを、本当に信用できなかったから。自分に自信がなさ過ぎて、素晴らしいと言ってくれる人に対して疑心暗鬼になってしまっていたのだ。「何でそんなうそまでついて、私のことを素晴らしいと言ってくるの、この人」というふうに。

自分がどんなに素晴らしい歌を作っても、自分という人間が悪いことをしていなくても、自分という人間はだめなんだとずっと考えてしまっていた。自分の歌声がいいなんて、1ミリも思ったことがなかった。

そんな私に、5年前に娘が生まれた。

自分に自信が持てず、自分を否定してきた私だけれど、娘ができたことによって、せめてこの子には誇れるような母でありたい、「お母さんの子どもでよかった」と言ってもらえるような母でありたい、そう願うようになったのだ。

そこで初めて、気がついた。幼い頃の自分の思いや抱えていた傷をずっと手放さずに持っていても、そこに価値はないということを。

どんな人も、思い出や、過去に誰かに教わったこと、言われたことに、少なからず影響されて、今を生きている。その中で、ずっと大切にするべきものもあるけれど、手放してもいいものも、必ずある。

それは、誰かから言われた自信をなくすような言葉とか、嫉妬や憎しみなどといった「負」のものだ。

負のものを、いつまでも大切に持っていても何にもつながらないし、それはただただ、永遠に負でしかない。そして、どこかのタイミングで、その負を、自分の意思によって大きなばねに変えて、乗り越えるしかない。

私の場合はまず、自分がされて嫌だったことを、娘にはしないようにすることから始めた。

たとえば、娘が何かできたら、たとえどんなに小さいことであっても「よくできたね」「すごい、こんなことできるんだ」というふうに褒めてあげる。簡単にできるようなことだったとしても、きちんと褒めてあげることで、とにかく彼女に対して自信をつけさせてあげるように心がけた。私がされたかったことを、どんどんしていった。

すると、いつのまにか、私自身が変わってきた。

「こんなに褒めてあげられるお母さん、なかなかいないよね」と、少し思えるようになった自分がいたのだ。

娘に自分のような思いをしてほしくなくて、自信を持ってほしいと思ってやっていたことが、いつのまにか巡り巡って、自分が自信を持つことへと変わった。

人は変われるものなんだということを、身をもって知ることができた。

もしかしたら、それは、背負ってきた負があったからなのかもしれない。


よく「私はこういう人だから」と言う人がいる。

「私はこういう人だから、変わらないよ」と。

でも、人生80年として、まだ30年しか生きていなかったら、まだあなたという人は、「私はこういう人です」というふうに語れるほど長生きしていないよ、と言いたい。

たとえば10年間、さんざん心を傷つけられ続けて、その傷がなかなか消えない、だから自分に自信も持てないという人がいるとする。

それは、そうだよね。10年間傷つけられたら、一歩を踏み出す勇気はなかなか出ない。

それでも、今一歩も踏み出せなくても、自信がなくても、やっぱり残りの人生のほうがはるかに長いというのが、目の前にある事実。

それなら、10年間蓄積された負をずっと背負いながら道なき山を登るよりも、その負をどうやったら道に変えて、光に、人生のヒントに変えていけるかを考えるほうがいい。

山の頂上に立ったときに、気がついたら背負っていた負がもうない、軽いという人もきっといる。

さらには、山を登りきることができたということに、何かしら自信を感じているかもしれない。

せっかく生まれてきたんだから、ずっと同じところにとどまっていたり、「もうここでいいや」と立ち止まって、ずっと過去のものを大事にして、そればかりにこだわって、気にして動き出さない人生を選択しなくてもいいんじゃないかな。

抱えてきたものがどんなに大きな負であったとしても、負で終わらせなかったら、形を変えて、必ずプラスになって返ってきてくれる。

今私も、やっとそう思えるようになった。

あなたは、あなたの道を進めばいい

恋愛や結婚に不安を感じていたり、仕事が忙しかったり、子育てに悩んでいたりすると、どうしても隣の芝生が青く見えることがある。

とくに年齢を重ねていくにつれて、仲のよい友人たちと生活や人生に違いが出てくるものだから、「あの子もこの子も結婚したり、子どもがいたりするけれども、自分は……」「みんな仕事頑張ってるんだな、でも私は……」などと、自分と比較して落ち込んだりする。

さらに今はインスタグラムやツイッターなどで何でも見られるから、「彼が記念日にプレゼントをくれた！」「旦那さんがごはんを作ってくれた！　やさしくて幸せ」「子どもがこんなに成長した！」「旅行でギリシャに行きました、最高！」「何百万もするものを買ったんだよ、いいでしょう？」などといったことをあげている人に対して、うらやましいような、妬ましいような気持ちになることもある。

私も、仕事がものすごく忙しいときや、嫌なことがあったときに、ふと見たインスタグラムの検索欄で、カリブ海のきれいな写真を見てうらやましくなるなんてことは

しょっちゅうだし、誰かと比べたり、誰かになろうとしてもがき苦しんだこともある。

でも、そんなふうに誰かをうらやましく思ったときはいつも、自分がうらやましいと思っているその部分は、その人の全てではなくて、その人のほんの1ページにすぎないと思うようにしている。

その人の全てが、本当にうまくいっていることなんて、ないよね。日々何かしらイライラすることもあるだろうし、悩みや課題を抱えていたりもするはず。

振り返ってみれば、自分だって同じだ。インスタに記事をあげるときや、人に何かを話すときは、いいところを出すようにしているけれど、実際は、旦那さんにイライラしていたり、何かうまくいかないことに悩んだりしているものだ。

みんな条件は違えど、自分と比べて全てがうまくいっている人なんていないということだ。その人がみんなに見せていない部分というものを想像したときに、みんな平等だなといつも思う。

だから、他人と自分を比べてうらやましがっていてもきりがない。

今自分がどの位置にいるかということを、人と比べることで評価しないでほしい。ただ考えて、ただうらやましがって、人と比べて落胆するのは、いつでも誰でもできること。

自分は、自分にしかなれなくて、自分は他の人にはなれない。嫉妬してもその人にはなれない。そして、他の人も自分になることは絶対にできない。

だから、他の人をうらやましいと思う自分がいるなら、まずは今、自分が本当は、どうしたいのかを、真につきとめることだと思う。

自分は他の人と比べて遅れを取っていると感じているけれど、はたして本当に、自分はその遅れを取り戻したいのか、取り戻したくないのか、どっちだろう。そう考えてみる。

もしかしたら、誰かに言われたり、急かされたりするのが嫌なだけという場合もあるよね。あるいは、「周りがこういう状況だから、自分もしないとやばいな」と思うこともある。要するにそれは、周りに焦らされているということ。

たとえば、結婚していないことに悩んでいるのであれば、まず、本当に自分は結婚したいと思っているのかどうかについて、考えてみる。

実はそんなに結婚はしたくない、求めていないということがわかったら、そこに誇りを持てばいい。「結婚して子どももいる、だけど本当は仕事をやめたくなかった、キャリアウーマンでいたかった、一人で旅行もいっぱい行きたかった」というふうに、あなたをうらやましく思う人もいる。今の自分をむやみに悲観的にとらえるのではなくて、誰かと比べるんじゃなくて、そうだ、私にはいろいろな可能性がある、なんだって始められる、一人だから自由な時間がいっぱいある、自分にだけ使えるお金もある、というふうに、どんどんプラスに考えていけばいい。

その一方で、じっくり自分がどうしたいか考えてみた結果、やっぱり隣の芝生がうらやましかったり、憧れたり、そうなりたいと思う自分がいるのだとしたら、どうすれば自分の芝生を青くできるか、考えてみる。

隣の人がそれをできたのはなぜだろう？　自分もできるのかな？　できないのかな？　そのうらやましいと思う人の懐に自分が近づけるように、その方法を探しながら、自分の庭の芝生をもっともっと手入れしていく。

なぜなら、隣の人だけしか頑張らなかったことがあったから、その人の庭は、とりわけ美しいのだ。そこには、その人はしていたけれど、自分は絶対にしていなかった「何か」がある。

だから、この人いいな、あの人いいなと思うとき、自分を振り返って、自分はどんな人間だったかとか、自分はそこにたどり着けるようなことをしたのかと、そっと自

分に聞いてみるといいと思う。

自分ひとりで考え込むと行き詰まりを感じるなら、ときには他の力を借りる方法が功を奏すときもある。私の場合は、本を読んだり、音楽を聴いたり、いろいろな人と出会ってその人の人生の答えや歩んできた道について聞いたりして、自分に置き換えて考えてみる。こんなふうに、考え方の舵を切りながら、まず自分がどうしたいかを知って深めることもできる。

そして、考えた後は、行動に移す。やってみるのだ。

もちろん行動に移したら失敗するかもしれない。でも、失敗したとしても、やってみたからこそわかることがあるはず。

それを行動に移さないで、ひたすら「いいな、いいな」と思っているだけの人は、失敗から学ぶことができないから、結局空想の世界にしかいないし、事態はより悪くなるだけとも言える。

たとえば恋愛でも、片想いをしていて、ふられたくないから告白をしないで終わるという人もいる。でも、告白しないまま、ある日好きな人に彼女ができるのを見るほど辛いものはない。だって、自分は何もしなかったから。うだうだしていただけだから。彼に好きだと伝えていたら、何か変わっていたかもしれないのに。

行動を起こさなかったら、道はひとつ。

つまり、あきらめるという道しかない。

最初からあきらめる人間になるのではなくて、もしかしたら失敗するかもしれないけれども、半分の可能性にかけてみる。そうしたら、絶対に広がる世界がある。

夢を追いかけるにしても、恋愛をするにしても、結婚するにしても、何をするにしても、ハッキリとそこに自分の気持ちがあるなら、うらやましがって終わりにするのではなくて、「どうせ」という言葉で終わるのではなくて、自分が行きたいその場所を、目指し始めるしかない。

あなたが求める答えは、いつもあなたの中にあるから。

おわりに

今の自分の言葉で、そのとき思ったことや感じたことを、みんなに発信したい。本当の仲宗根泉のメッセージを、自由に伝えたい。そんな思いからインスタグラムを始めたのが、２０１６年４月のこと。

何気ない日々や子どものこと、面白いこと、仕事やＨＹのことなどについて書いていく中で、毎日多くの方から、さまざまなコメントをいただく。自分の思っていることをポンと書いたら、すぐに誰かがコメントを返してくれると、たとえその人と顔を合わせたことはなくても、不思議とその人の存在をぐっと近くに感じる。自分が今目にしているこの世界だけではなくて、世界は今日も動き続けていて、みんなそれぞれの人生を送っているんだな。そう実感させてくれたのが、インスタだった。

ときには、家庭の事情や悩み、過去の経験などを赤裸裸に書いてくれる人もいる。いつも決まってコメントをくれる人もいた。コメントを読んで「あ、こんな考えの人がいるんだ」とか、「この人、こんな辛いことがあったんだ」などと感じ、たった一人のこの人のために、詩と曲を作ってみよう。そう思ったのが「1分間のラブソング」

の始まりだった。

　顔も、住んでいる場所も、年齢もわからないけれど、離れて暮らす友人のように、私はあなたの心を、その想いを、あなたの物語を知っているよ。そうエールを送るようなつもりで、その人の物語から想像した1分間の楽曲や詩をつくり、"Izupera" というかたちでインスタにアップしていった。それに、新たに書き下ろしの詩やエッセイ、写真などを加えてまとめたのが、本書『1分間のラブソング　あなたはあなたでいい』だ。だから、みんながコメントをくれて、一人ひとりの物語を教えてくれたからこそ誕生した企画だと言えると思う。


　そうそう！　最後に、なぜ「1分間」なのか、お話ししておきたい。そもそもインスタグラムには1分間しか動画をアップすることができないというルールがある。だから、必然的に、どんなに素晴らしい、壮大な歌ができても、「1分間」にしなければならないというわけ（笑）。

　でも、「1分間」は、短いけれど、自分と向き合うには、最適な長さと言えるかもしれない。毎日どんなに忙しくても、1分間だけなら、いつでも、どこでも自分のために、時間をつくることができる。

電車や車での移動中でも、会社の休み時間でも、約束と約束の合間でも、保育園のお迎えに行く前でも、お風呂の中でも、眠る前でも、いつでも、どこでもいいから、あなたの好きなページをひらいて、自分の時間を、1分間だけ確保してみてほしい。

前著『あなたへ』『バイバイ』を出版してから、はや10年が経った。

20代のときは、ただひたすら恋についての詩を書いていたように思うけれど、そんな私も、今は34歳になり、結婚をして、娘が一人いる。

もちろん、今でもたくさん恋の詩を書いているけれど、年齢を重ね、娘が生まれたことで、新たな視点も加わったように思う。

昔から自分に自信がなく、弱くて、傷つきやすかった私だけれど、娘には、「お母さんの子どもでよかった」と思ってもらいたい。胸を張って堂々としたお母さんでありたい。そのために、自分の弱さを克服して、自分を変えていきたい。そう思って、自分をささえ、奮起させるために、自分と向き合うために、自分自身のために詩を綴るようになった。

だから、この本は、恋をしている人にもちろん読んでほしいけれど、私と同じよ

うな思いを抱えている人にも、手に取ってもらえると嬉しい。

「ラブソング」は、恋しい人を想う歌だけをさすわけではない。

この本は、自分を愛し大切にするために、自分を想う「ラブソング」でもあるのだから。

２０１７年　10月1日　仲宗根泉

1分間のラブソング

あなたはあなたでいい

発行日　2017年10月25日　第1刷

Author　仲宗根泉（HY）

Photographer　山下忠之（cover / P1〜67 / P114〜115 / P152〜183）

Flower Coordinator　山下有世

Book Designer　オオモリサチエ（and paper）

CD Credit（「私」「いつかあなたの夢が」「２番め」収録）
Lyrics & Music by　仲宗根泉
Arranged by　小松一也
Label　ASSE!! Records
Management Office　Handmade Music.Co.,LTD

Publication　株式会社ディスカヴァー・トゥエンティワン
〒102-0093　東京都千代田区平河町2-16-1 平河町森タワー 11F
TEL　03-3237-8321（代表）　FAX　03-3237-8323
http://www.d21.co.jp

Publisher　干場弓子

Editor　大山聡子

Proofreader　文字工房燦光

DTP　朝日メディアインターナショナル株式会社

Printing　シナノ印刷株式会社

JASRAC 出 1712018-701

ISBN978-4-7993-2172-0